RECUEIL

DE MODÈLES

DE TRICOTAGE

POUR COUVRE-PIEDS, RIDEAUX, BONNETS, CAMISOLES D'ENFANT, COLS, MANCHETTES, FESTONS POUR BORDURES, ENTRE-DEUX, DENTELLES GRANDES ET PETITES, CACHE-NEZ, BOURSES, ETC., ETC.,

Le tout accompagné de figures.

A L'USAGE

DES MAISONS D'ÉDUCATION & DES JEUNES PERSONNES.

PRIX : 1 FR. 25 C.

CAHORS :
Imprimerie de J.-G. PLANTADE.

1861.

RECUEIL DE MODÈLES

DE TRICOTAGE.

MANIÈRE

de faire les Couvre-pieds.

Coton blanchi comme pour les bas, grosseur ordinaire.

Pour la longueur de chaque côté 33 festons n° 9.

OBSERVATION.

Après avoir terminé la hauteur voulue des festons, il faut diminuer au dernier rang quatre mailles sur chaque dent de feston. Puis on fait 6 tours à l'envers. Ensuite vient l'entre-deux que l'on veut, après que celui-ci est terminé, on fait de nouveau 6 tours à l'envers, après quoi vient 1 rang de coquilles n° 8 qui est surmonté de 6 rangs à l'envers, et au-dessus on répète l'entre-deux précédent , qui est couronné de 6 autres rangs à l'envers.

Pour la largeur du haut et du bas il faut 27 festons.

COINS.

Pour former les coins , il faut diminuer une maille, un tour entr'autre, au commencement et à la fin de l'aiguille.

FOND DU COUVRE-PIEDS.

Feuilles de chêne n° 1.

15 rangs de feuilles pour la largeur ,

Hauteur , 45 fois répéter le dessin.

N° 1. — FEUILLES DE CHÊNE.

POUR COUVRE-PIEDS , RIDEAUX , ETC.

Montez 43 mailles.

1re *Aiguillée.* — 1 maille unie, 1 rabattue, 1 jetée, 1 rabattue, * 1 jetée, 2 unies, 1 rabattue, 2 unies, 1 jetée, 2 unies, 1 rabattue, 2 ensemble, 2 unies, 1 jetée, 1 unie, 1 jetée, 1 rabattue, 1 jetée, 1 rabattue, * retournez au signe.

2e *Aiguillée à l'envers.*

3e *Aiguillée à l'endroit.* — 1 unie, 1 rabattue, 1 jetée, 1 rabattue * 1 jetée, 2 unies, 1 rabattue, 4 unies, 2 ensemble, 2 unies, 1 jetée, 3 unies, 1 jetée, 1 rabattue, 1 jetée, 1 rabattue, * retournez au signe.

4e *Aiguillée à l'envers.*

5e *Aiguillée à l'endroit.* — 1 unie, 1 rabattue, 1 jetée, 1 rabattue, * 1 jetée, 2 unies, 1 rabattue, 2 unies, 2 ensemble, 2 unies, 1 jetée, 5 unies, 1 jetée, 1 rabattue, 1 jetée, 1 rabattue, * retournez au signe.

6e *Aiguillée à l'envers.*

7e *Aiguillée à l'endroit.* — 2 unies, 1 jetée, 1 rabattue, * 1 jetée, 1 unie, 1 jetée, 2 unies, 1 rabattue, 2 ensemble, 2 unies, 1 jetée, 2 unies, 2 ensemble, 2 unies, 1 jetée, 1 rabattue, 1 jetée, 1 rabattue, * retournez au signe.

8e *Aiguillée à l'envers.*

9e *Aiguillée à l'endroit.* — 2 unies, 1 jetée, 1 rabattue, * 1 jetée, 3 unies, 1 jetée, 2 unies, 1 rabattue, 4 unies, 2 ensemble, 2 unies, 1 jetée, 1 rabattue, 1 jetée, 1 rabattue, * retournez au signe.

10e *Aiguillée à l'envers.*

11e *Aiguillée à l'endroit.* — 2 unies, 1 jetée, 1 rabattue, * 1 jetée, 5 unies, 1 jetée, 2 unies, 1 rabattue, 2 unies, 2

ensemble , 2 unies , 1 jetée , 1 rabattue , 1 jetée , 1 rabattue , *
retournez au signe.

12ᵉ *Aiguillée à l'envers.*

La 13ᵉ comme la 1ʳᵉ.

(Voyez la figure nᵒ 1.)

Nᵒ 2. — TRICOT A COQUILLES.

Montez 33 mailles.

Toutes les aiguilles doivent commencer par une maille unie.

1ʳᵉ *Aiguillée à l'endroit.* — 1 maille unie , * 1 jetée , 1 rétrécie à l'envers, trois fois de suite 1 jetée , 1 unie , 1 jetée , 6 unies , 1 rétrécie , 1 à l'envers , 1 rétrécie, 6 unies ,
1 jetée , 1 unie , * retournez au signe.

2ᵉ *Aiguillée à l'endroit.* — 1 unie , * 1 jetée , 1 rétrécie à
l'envers, trois fois , 2 unies , 1 jetée , 5 unies , 1 rétrécie , 1 à
l'endroit , 1 rétrécie , 5 unies , 1 jetée , 2 unies , * retournez au
signe.

3ᵉ *Aiguillée à l'endroit.* — 1 unie , * 1 jetée , 1 rétrécie à
l'envers 3 fois , 1 jetée , 3 unies , 1 jetée , 4 unies , 1 rétrécie,
1 à l'envers , 1 rétrécie , 4 unies , 1 jetée , 3 unies , * retournez au signe.

4ᵉ *Aiguillée à l'envers.* — 1 unie , * 1 jetée , 1 rétrécie à l'envers 3 fois, 4 unies, 1 jetée, 3 unies, 1 rétrécie, 1 à l'endroit, 1 rétrécie, 3 unies, 1 jetée, 4 unies, * retournez au signe.

5e *Aiguillée à l'endroit.* — 1 unie, * 1 jetée, 1 rétrécie, 1 à l'envers 3 fois, 1 jetée, 5 unies, 1 jetée, 2 unies, 1 rétrécie, 1 à l'envers, 1 rétrécie, 2 unies, 1 jetée, 5 unies, * retournez au signe.

6e *Aiguillée à l'envers.* — 1 unie, * 1 jetée, 1 rétrécie, 1 à l'envers 3 fois, 6 unies, 1 jetée, 1 unie, 1 rétrécie, 1 à l'endroit, 1 rétrécie, 1 unie, 1 jetée, 6 unies, * retournez au signe.

7e *Aiguillée à l'endroit.* — 1 unie, * 1 jetée, 1 rétrécie à l'envers 3 fois, 1 jetée, 7 unies, 1 jetée, 1 rétrécie, 1 à l'envers, 1 rétrécie, 1 jetée, 7 unies, * retournez au signe.

8e *Aiguillée à l'envers.* — 1 unie, * 1 jetée, 1 rétrécie à l'envers 3 fois, 9 à l'envers, 1 à l'endroit, 9 à l'envers, * retournez au signe.

(Voyer la figure n° 2.)

N° 3. — TRICOT FEUILLES DE ROSE.

Montez 34 mailles.

1re *Aiguillée.* — 4 unies, 1 jetée, 1 sans la tricoter, 2 ensemble, rabattez sur les 2 ensemble la maille non tricotée, 1 jetée, 7 unies, 1 jetée, 1 sans la tricoter, 2 ensemble, rabattre sur les 2 ensemble la maille non tricotée, 1 jetée, 7 unies, 1 jetée, 1 sans la tricoter, 2 ensemble, rabattre sur les 2 ensemble la maille non tricotée, 1 jetée, 4 unies.

2e *Aiguillée à l'envers.*

3e *Aiguillée à l'endroit.* — 2 ensemble, 3 unies, 1 jetée, 1 unie, 1 jetée, 3 unies, 1 sans la tricoter, 2 ensemble, rabattre sur les 2 ensemble la maille non tricotée, 3 unies, 1 jetée, 1 unie, 1 jetée, 3 unies, 1 sans la tricoter, 2 ensemble, rabattre sur les 2 ensemble la maille non tricotée, 3 unies, 1 jetée, 1 unie, 1 jetée, 3 unies, 2 ensemble.

4e *Aiguillée à l'envers.*

5e *Aiguillée à l'endroit.* — 2 ensemble, 2 unies, 1 jetée, 3 unies, 1 jetée, 2 unies, 1 sans la tricoter, 2 ensemble, rabattre sur les 2 ensemble la maille non tricotée, 2 unies, 1 jetée, 3 unies, 1 jetée, 2 unies, 1 sans la tricoter, 2 ensemble, rabattre sur les 2 ensemble la maille non tricotée, 2 unies, 1 jetée, 3 unies, 1 jetée, 2 unies, 2 ensemble.

6e *Aiguillée à l'envers.*

7e *Aiguillée à l'endroit.* — 2 ensemble, 1 unie, 1 jetée, 5 unies, 1 jetée, 1 unie, 1 sans la tricoter, 2 ensemble, rabattre sur les 2 ensemble la maille non tricotée, 1 unie, 1 jetée, 5 unies, 1 jetée, 1 unie, 1 sans la tricoter, 2 ensemble,

rabattre sur les 2 ensemble la maille non tricotée, 1 unie,
1 jetée, 5 unies, 1 jetée, 1 unie, 2 ensemble.

8e Aiguillée à l'envers.

9e Aiguillée à l'endroit. — 2 ensemble, 1 jetée, 7 unies,
1 jetée, 1 sans la tricoter, 2 ensemble, rabattre sur les 2 ensemble la maille non tricotée, 1 jetée, 7 unies, 1 jetée, 1 san^s
la tricoter, 2 ensemble, rabattre sur les 2 ensemble la maille
non tricotée, 1 jetée, 7 unies, 1 jetée, 2 ensemble.

10e Aiguillée à l'envers.

11e Aiguillée à l'endroit. — 1 maille sans la tricoter, 1 jetée, 3 unies, 1 sans la tricoter, 2 ensemble, rabattre sur le 2
ensemble la maille non tricotée, 3 unies, 1 jetée, 1 unie, 1 jetée, 3 unies, 1 sans la tricoter, 2 ensemble, rabattre sur les 2
ensemble la maille non tricotée, 3 unies, 1 jetée, 1 unie, 1 jetée, 3 unies, 1 sans la tricoter, 2 ensemble, rabattre sur les 2
ensemble la maille non tricotée, 3 unies, 1 jetée, 1 unie.

12e Aiguillée à l'envers.

13e Aiguillée à l'endroit. — 2 unies, 1 jetée, 2 unies, 1
sans la tricoter, 2 ensemble, rabattre sur les 2 ensemble la
maille non tricotée, 2 unies, 1 jetée, 3 unies, 1 jetée, 2 unies,
1 sans la tricoter, 2 ensemble, rabattre sur les 2 ensemble la
maille non tricotée, 2 unies, 1 jetée, 3 unies, 1 jetée, 2 unies
une sans la tricoter, 2 ensemble, rabattre sur les 2 ensemble
la maille non tricotée, 2 unies, 1 jetée, 2 unies.

14ᵉ *Aiguillée à l'envers.*

15ᵉ *Aiguillée à l'endroit.* — 3 unies, 1 jetée, 1 unie, 1 sans la tricoter, 2 ensemble, rabattre sur les 2 ensemble la maille non tricotée, 1 unie, 1 jetée, 5 unies, 1 jetée, 1 unie, 1 sans la tricoter, 2 ensemble, rabattre sur les 2 ensemble la maille non tricotée, 1 unie, 1 jetée, 5 unies, 1 jetée, 1 unie, 1 sans la tricoter, 2 ensemble, rabattre sur les 2 ensemble la maille non tricotée, 1 unie, 1 jetée, 3 unies.

16ᵉ *Aiguillée à l'envers.*

17ᵉ *Aiguillée à l'endroit.* — 4 unies, 1 jetée, 1 sans la tricoter, 2 ensemble, rabattre sur les 2 ensemble la maille non tricotée, 1 jetée, 7 unies, 1 jetée, 1 maille sans la tricoter, 2 ensemble, rabattre sur les 2 ensemble la maille non tricotée, 1 jetée, 7 unies, 1 jetée, 1 sans la tricoter, 2 ensemble, rabattre sur les 2 ensemble la maille non tricotée, 1 jetée, 4 unies.

18ᵉ *Aiguillée à l'envers.* — Revenir à la 3ᵉ aiguillée.

(Voyez la figure n° 3)

N° 4. — TRICOT ARTIFICE

Montez 24 mailles.

1ʳᵉ *Aiguillée à l'envers.*

2ᵉ *Aiguillée à l'endroit.*

3e *Aiguillée à l'envers.*

4e *Aiguillée à l'endroit.* — 4 fois de suite 2 mailles ensemble, 1 jetée, 1 unie, 1 jetée, 1 unie, 1 jetée, 1 unie, 1 jetée, 1 unie, 1 jetée, 1 unie, 1 jetée, 1 unie, 1 jetée, 1 unie, 1 jetée, 1 unie, 8 fois 2 mailles ensemble, 1 jetée, 1 unie, 1 jetée, 1 unie, 1 jetée, 1 unie, 1 jetée, 1 unie, 1 jetée, 1 unie, 1 jetée, 1 unie, 1 jetée, 1 unie, 1 jetée, 1 unie, 4 fois 2 mailles ensemble.

5e *Aiguillée à l'envers.*

6e *Aiguillée à l'endroit.*

7e *Aiguillée à l'envers.*

8e *Aiguillée comme la* 4e — Ce dessin peut servir pour cache-nez en nuançant la laine.

(Voyez la figure n° 4.)

N° 5. — TRICOT A COLONNES TORSES.

Montez 24 mailles.

1re *Aiguillée à l'endroit.* — 2 mailles unies, 1 jetée, 2 ensemble, 8 unies, 1 jetée, 2 ensemble, 8 unies, 1 jetée, 2 ensemble.

2e *Aiguillée à l'envers.*

3e *Aiguillée à l'endroit.*—2 unies , 1 jetée , 2 ensemble , 8 unies , 1 jetée , 2 ensemble, 8 unies , 1 jetée , 2 ensemble.

4e *Aiguillée à l'envers.*

5e *Aiguillée à l'endroit.* — 2 unies , 1 jetée , 2 ensemble , avec une 3e aiguille on enfile les 3 premières mailles, on laisse retomber devant soi cette aiguille, on tricote 3 mailles unies, on relève la 3e aiguille chargée des 3 mailles qu'on tricote unies avec l'aiguille droite et on quitte cette 3e aiguille, 2 unies, 1 jetée , 2 ensemble, reprendre la 3e aiguille pour commencer comme il est dit plus haut.

6e *Aiguillée à l'envers.*

7e *Aiguillée à l'endroit.*— La 8e comme la première.

(Voyez la figure n° 5.)

N° 5. — MODÈLE POUR LES COLS A LA FREISCHUTZ.

Il faut faire ce dessin avec beaucoup d'attention.

(Coton fin). Commencer par faire 8 dents de dentelle.

Montez 10 mailles sur l'aiguille.

1re *Aiguillée.* —3 unies , 1 jeté , 2 ensemble, 3 jetées , 2 ensemble, 2 jetées , 2 ensemble, 1 unie.

2e *Aiguillée.* — 3 unies, 1 à l'envers, 2 unies, 1 à l'envers, 3 unies, 1 jetée, 2 ensemble, 1 unie.

3e *Aiguillée.* — 3 unies, 1 jetée, 2 ensemble, 8 unies.

4e *Aiguillée.* — 10 unies, 1 jetée, 2 ensemble, 1 unie.

5e *Aiguillée.* — 3 unies, 1 jetée, 2 ensemble, 3 unies, 2 jetées, 2 ensemble, 2 jetées, 2 ensemble, 1 unie. Vous devez avoir 15 mailles sur cette aiguille.

6e *Aiguillée.* — 3 unies, 1 à l'envers, 2 unies, 1 à l'envers, 3 unies, 1 jetée, 2 ensemble, 1 unie.

7e *Aiguillée.* — 3 unies, 1 jetée, 2 ensemble, 10 unies.

8e *Aiguillée.* — Surjetez 5 mailles, 6 unies, 1 jetée, 2 ensemble, 1 unie. Vous devez avoir 10 mailles sur cette aiguille.

Revenir à la première aiguille après avoir répété votre dessin 8 fois. Montez 37 mailles sur l'aiguille et vous ferez votre col comme il suit :

1re *Aiguillée.* — 3 unies, 1 jetée, 2 ensemble, 16 unies à l'endroit, 1 jetée, 2 ensemble, 17 unies à l'endroit, 1 jetée, 2 ensemble à l'endroit, 3 jetées, 2 ensemble, 2 jetées, 2 ensemble, 1 unie.

2e *Aiguillée.* — 3 unies, 1 à l'envers, 2 unies, 1 à l'envers, 3 unies, 1 jetée, 2 ensemble, 1 unie, 2 ensemble, 5 unies, 7 jetées, 5 unies, 2 ensemble. 2 unies, 1 jetée, 2 ensemble, encore 2 ensemble, 5 unies, 7 jetées, 5 unies, 2 ensemble, 2 unies, 1 jetée, 2 ensemble, 1 unie.

3e *Aiguillée.* — 3 unies, 1 jetée, 2 ensemble, encore 2 ensemble et à l'envers, 4 à l'envers, croisez les 7 mailles jetées, 4 à l'envers, 2 ensemble à l'envers, 2 unies, 1 jetée, 2 ensemble, encore 2 ensemble à l'envers, 4 à l'envers, croisez les 7 mailles jetées, 4 à l'envers, 2 ensemble à l'envers, 3 unies à l'endroit, 1 jetée, 2 ensemble, 8 unies.

4e *Aiguillée.* — 10 unies, 1 jetée, 2 ensemble, 1 unie, 2 ensemble à l'endroit, 3 unies, 1 jetée, 1 unie, 1 jetée, 1 unie, 1 jetée, 1 unie, 1 jetée, 1 unie, 1 jetée, 1 unie, 1 jetée, 1 unie, 1 jetée, 4 unies, 2 ensemble, 2 unies, 1 jetée, 2 ensemble, encore 2 ensemble, 3 unies, 1 jetée, 1 unie, 1 jetée, 1 unie, 1 jetée, 1 unie, 1 jetée, 1 unie, 1 jetée, 1 unie, 1 jetée, 1 unie, 1 jetée, 4 unies, 2 ensemble, 2 unies, 1 jetée, 2 ensemble, 1 unie

5e *Aiguillée.* — 3 unies, 1 jetée, 2 ensemble, 2 ensemble à l'envers, 18 à l'envers, 2 ensemble à l'envers, 2 unies, 1 jetée, 2 ensemble, 2 ensemble à l'envers, 18 à l'envers, 2 ensemble à l'envers, 3 unies, 1 jetée, 2 ensemble, 3 unies, 2 jetées, 2 ensemble, 2 jetées, 2 ensemble, 1 unie.

6e *Aiguillée.* — 3 unies, 1 à l'envers, 2 unies, 1 à l'envers, 5 unies, 1 jetée, 2 ensemble, 1 unie, 2 ensemble à l'endroit, 16 unies à l'endroit, 2 ensemble, 2 unies, 1 jetée, 2 ensemble, encore 2 ensemble, 16 unies à l'endroit, 2 ensemble, 2 unies, 1 jetée, 2 ensemble, 1 unie.

7e *Aiguillée*. — 3 unies, 1 jetée, 2 ensemble, 2 ensemble à l'envers, 14 unies à l'envers, 2 ensemble à l'envers, 2 unies, 1 jetée, 2 ensemble à l'endroit, 2 ensemble à l'envers, 14 unies à l'envers, 2 ensemble à l'envers, 3 unies, 1 jetée, 2 ensemble à l'endroit, 10 unies.

8e *Aiguillée*. — Surjetez 5 mailles, 6 unies, 1 jetée, 2 ensemble, 1 unie, 2 ensemble à l'envers, 12 à l'envers, 2 ensemble à l'envers, 2 unies à l'endroit, 1 jetée, 2 ensemble, 2 ensemble à l'envers, 12 unies à l'envers, 2 ensemble à l'envers, 2 unies, 1 jetée, 2 ensemble, 1 unie. Revenez à la première aiguillée et continuez.

(Voyez la figure n° 6.)

N° 7. — AUTRE JOLI COL.

Montez 31 mailles.

1re *Aiguillée*. — 3 mailles unies à l'endroit, 1 jetée, 1 rétrécie, 1 à l'endroit, 1 jetée, 1 à l'endroit, 1 rétrécie, 1 à l'envers, 1 rétrécie, 1 à l'endroit, 1 jetée à l'envers, 1 à l'envers, laissez le fil sur l'aiguille, 1 à l'endroit, 1 rétrécie, 1 à l'envers, 1 rétrécie, 1 à l'endroit, 1 jetée, 3 à l'endroit, 1 jetée, 1 rétrécie, jetez 2 fois le fil, 1 rétrécie, jetez 2 fois le fil, 1 rétrécie, 1 à l'endroit. Il doit vous rester 33 mailles sur l'aiguille.

2e *Aiguillée*. — 3 mailles à l'endroit, 1 à l'envers, 2 à l'endroit, 1 à l'envers, 2 à l'endroit, 1 jetée, 1 rétrécie, 4 à l'envers, 1 à l'endroit, 3 à l'envers, 1 à l'endroit, 3 à l'envers, 1 à l'endroit, 4 à l'envers, 2 à l'endroit, 1 jetée, 1 rétrécie, 1 à l'endroit.

3e *Aiguillée.*—3 à l'endroit, 1 jetée, 1 rétrécie, 1 à l'endroit, 1 jetée, 1 à l'endroit, 1 rétrécie, 1 à l'envers, 1 rétrécie, 1 à l'endroit, 1 à l'envers, 1 à l'endroit, 1 rétrécie, 1 à l'envers, 1 rétrécie, 1 à l'endroit, 1 jetée, 3 à l'endroit, 1 jetée, 1 rétrécie, 2 à l'endroit, 2 jetées, 1 rétrécie, 2 jetées, 1 rétrécie, 1 à l'endroit.

4e *Aiguillée.* — 3 à l'endroit, 1 à l'envers, 2 à l'endroit, 1 à l'envers, 4 à l'endroit, 1 jetée, 1 rétrécie, 4 à l'envers, 1 à l'endroit, 2 à l'envers, 1 à l'endroit, 2 à l'envers, 1 à l'endroit, 4 à l'envers, 2 à l'endroit, 1 jetée, 1 rétrécie, 1 à l'endroit.

5e *Aiguillée.*— 3 à l'endroit, 1 jetée, 1 rétrécie, 1 à l'endroit, 1 jetée, 1 à l'endroit, 1 jetée, 1 rétrécie, 1 à l'envers, 1 rétrécie, 1 à l'envers, 1 rétrécie, 1 à l'envers, 1 rétrécie, 1 jetée, 1 à l'endroit, 1 jetée, 3 à l'endroit, 1 jetée, 1 rétrécie, 4 à l'endroit, jetez 2 fois le fil, 1 rétrécie, jetez 2 fois le fil, 1 rétrécie, 1 à l'endroit.

6e *Aiguillée,*— 3 à l'endroit, 1 à l'envers, 2 à l'endroit, 1 à l'envers, 6 à l'endroit, 1 jetée, 1 rétrécie, 5 à l'envers, 1 à l'endroit, 1 à l'envers, 1 à l'endroit, 1 à l'envers, 1 à l'endroit, 5 à l'envers, 2 à l'endroit, 1 jetée, 1 rétrécie, 1 à l'endroit.

7e *Aiguillée.*— 3 à l'endroit, 1 jetée, 1 rétrécie, 1 à l'endroit, 1 jetée, 3 à l'endroit, 1 jetée, prendre 1 maille sans la tricoter, 1 rétrécie, rabattre la maille qui n'est pas tricotée sur la rétrécie, 1 à l'envers, prendre une maille sans la tricoter, 1 rétrécie, rabattre celle qui n'est pas tricotée sur la rétrécie, 1 jetée, 3 unies, 1 jetée, 3 à l'endroit, 1 jetée, 1 rétrécie, 6 à l'endroit, jetez 2 fois le fil, 1 rétrécie, jetez 2 fois le fil, 1 rétrécie, 1 à l'endroit.

8e *Aiguillée.* — 3 à l'endroit, 1 à l'envers, 2 à l'endroit, 1 à l'envers, 8 à l'endroit, 1 jetée, 1 rétrécie, 7 à l'envers, 1 à l'endroit, 7 à l'envers, 2 à l'endroit, 1 jetée, 1 rétrécie, 1 à l'endroit.

9e *Aiguillée.* — 3 à l'endroit, 1 jetée, 1 rétrécie, 1 à l'endroit, 1 jetée, 5 à l'endroit, 1 jetée, tricotez 3 mailles ensemble, 1 jetée, 5 à l'endroit, 1 jetée, 3 à l'endroit, 1 jetée, 1 rétrécie, 13 à l'endroit.

10e *Aiguillée,* — Rabattre 8 mailles; il doit vous rester 31 mailles : 8 à l'endroit, 1 jetée, 1 rétrécie, 17 à l'envers, 1 jetée, 1 rétrécie, 1 à l'endroit.

Revenir à la 1re Aiguillée.

(Voyez la figure n° 7.)

N° 8. — TRICOT COQUILLES.

Montez 17 mailles.

1re *Aiguillée à l'envers.*

2e *Aiguillée à l'endroit.* — 5 mailles à l'envers, laissez le fil sur l'aiguille, 1 unie, jetez 2 fois le fil, 5 à l'envers, laissez le fil sur l'aiguille, 1 unie, jetez 2 fois le fil, 5 à l'envers,

3e *Aiguillée.* — 5 à l'endroit, 5 à l'envers, 5 à l'endroit, 5 à l'envers, 5 à l'endroit.

4e *Aiguillée.* — 5 à l'envers, laissez le fil sur l'aiguille, 5 à l'endroit, jetez 2 fois le fil, 5 à l'envers, laissez le fil sur l'aiguille, 5 à l'endroit, jetez 2 fois le fil, 5 à l'envers.

5e *Aiguillée.* — 5 à l'endroit, 7 à l'envers, 5 à l'endroit, 7 à l'envers, 5 à l'endroit.

6e *Aiguillée.* — 5 à l'envers, laissez le fil sur l'aiguille, 7 à l'endroit, 5 à l'envers, 7 à l'endroit, 5 à l'envers.

7e *Aiguillée.* — 5 à l'endroit, 9 à l'envers, 5 à l'endroit, 9 à l'envers, 5 à l'endroit.

8e *Aiguillée.* — 5 à l'endroit, laissez le fil sur l'aiguille, 9 à l'endroit, jetez 2 fois le fil, 5 à l'envers, laissez le fil sur l'aiguille, 9 à l'endroit, jetez 2 fois le fil, 5 à l'envers.

9e *Aiguillée.* — 5 à l'endroit, 11 à l'envers, 5 à l'endroit, 11 à l'envers, 5 à l'endroit.

10e *Aiguillée.* — 5 à l'envers, laissez le fil sur l'aiguille, 11 à l'endroit, jetez 2 fois le fil, 5 à l'envers, laissez le fil sur l'aiguille, 11 à l'endroit, jetez 2 fois le fil, 5 à l'envers.

11e *Aiguillée.* — 5 à l'endroit, 13 à l'envers, 5 à l'endroit, 13 à l'envers, 5 à l'endroit.

12ᵉ *Aiguillée.* — 5 à l'envers, laissez le fil sur l'aiguille, 13 à l'endroit, jetez 2 fois le fil, 5 à l'envers, laissez le fil sur l'aiguille, 13 à l'endroit, jetez 2 fois le fil sur l'aiguille, 5 à l'envers.

13ᵉ *Aiguillée.* — 5 à l'endroit, 15 à l'envers, 5 à l'endroit, 15 à l'envers, 5 à l'endroit, il faut fermer les coquilles sans jeter le fil,

14ᵉ *Aiguillée.* — 5 à l'envers, 6 à l'endroit, prendre une maille sans la tricoter, 2 ensemble, rabattre sur les 2 ensemble la maille non tricotée, 6 à l'endroit, 5 à l'envers, 6 à l'endroit, prendre une maille sans la tricoter, 2 ensemble, rabattre sur les 2 ensemble la maille non tricotée, 6 à l'endroit, 5 à l'envers.

15ᵉ *Aiguillée.* — 5 à l'endroit, 13 à l'envers, 5 à l'endroit, 13 à l'envers, 5 à l'endroit.

16ᵉ *Aiguillée.* — 5 à l'envers, 5 à l'endroit, prendre 1 maille sans la tricoter, 2 ensemble, rabattre sur les 2 ensemble la maille non tricotée, 5 à l'endroit, 5 à l'envers, 5 à l'endroit, prendre une maille sans la tricoter, 2 ensemble, rabattre sur les 2 ensemble la maille non tricotée, 5 à l'endroit, 5 à l'envers.

17ᵉ *Aiguillée.* — 5 à l'endroit, 11 à l'envers, 5 à l'endroit, 11 à l'envers, 5 à l'endroit.

18ᵉ *Aiguillée.* — 5 à l'envers, 4 à l'endroit, prendre 1 maille sans la tricoter, 2 ensemble, rabattre sur les 2 ensemble la maille non tricotée, 4 à l'endroit, 5 à l'envers, 4 à l'endroit, prendre 1 maille sans la tricoter, 2 ensemble, rabattre sur les 2 ensemble la maille non tricotée, 4 à l'endroit, 5 à l'envers.

19e *Aiguillée*. — 5 à l'endroit, 9 à l'envers, 5 à l'endroit, 9 à l'envers, 5 à l'endroit,

20e *Aiguillée*. — 5 à l'envers, 3 à l'endroit, prendre 1 maille sans la tricoter, 2 ensemble, rabattre sur les 2 ensemble la maille non tricotée, 3 à l'endroit, 5 à l'envers, 3 l'endroit, prendre 1 maille sans la tricoter, 2 ensemble, rabattre sur les 2 ensemble la maille non tricotée, 3 à l'endroit, 5 à l'envers.

21e *Aiguillée*. — 5 à l'endroit, 7 à l'envers, 5 à l'endroit, 7 à l'envers, 5 à l'endroit.

22e *Aiguillée*. — 5 à l'envers, 2 à l'endroit, prendre 1 maille sans la tricoter, 2 ensemble, rabattre sur les 2 ensemble la maille non tricotée, 2 à l'endroit, 5 à l'envers, 2 à l'endroit, prendre 1 maille sans la tricoter, 2 ensemble, rabattre sur les 2 ensemble la maille non tricotée, 2 à l'endroit, 5 à l'envers.

23e *Aiguillée*. — 5 à l'endroit, 5 à l'envers, 5 à l'endroit, 5 à l'envers, 5 à l'endroit.

24e *Aiguillée*. — 5 à l'envers, 1 à l'endroit, prendre 1 maille sans la tricoter, 2 ensemble, rabattre sur les 2 ensemble la maille non tricotée, 1 à l'endroit, 5 à l'envers, 1 à l'endroit, prendre 1 maille sans la tricoter, 2 ensemble, rabattre sur les 2 ensemble la maille non tricotée.

25e *Aiguillée.* — 5 à l'endroit, 3 à l'envers, 5 à l'endroit, 3 à l'envers, 5 à l'endroit.

26e *Aiguillée,* — 5 à l'envers, prendre 1 maille sans la tricoter, 2 ensemble, rabattre sur les 2 ensemble la maille non tricotée, 5 à l'envers, prendre 1 maille sans la tricoter, 2 ensemble, rabattre sur les 2 ensemble la maille non tricotée, 5 à l'envers.

27e *Aiguillée.* — 5 à l'endroit, 1 à l'envers, 5 à l'endroit, 1 à l'envers, 5 à l'endroit.

Revenir au deuxième tour.

On peut contrarier les coquilles n° 8.

(Voyez la figure n° 8°.)

N° 9. — TRICOT A FESTONS POUR BORDURES

Montez 19 mailles.

1re *Aiguillée.* — 3 fois 2 ensemble à l'endroit, 1 unie, 1 jetée, 1 unie, 1 jetée, 1 unie, 1 jetée, 1 unie, 1 jetée, 1 unie, 1 jetée, 1 unie, 1 jetée, 1 unie, 1 rabattue, 1 rabattue, encore 1 rabattue.

2e *Aiguillée.* — A l'envers, revenir à la 1re aiguillée.

Nº 10. — AUTRE DESSIN A FESTONS.

Montez 10 mailles.

1re *Aiguillée*. — A l'endroit, 2 ensemble, 2 à l'endroit, 1 jetée, 1 unie, 1 jetée, 2 unies, 1 rabattue, 1 à l'envers.

2e *Aiguillée*. — A l'envers, revenir à la 1re aiguillée.

Nº — 11. CAMISOLE D'ENFANTS.

Montez 20 mailles.

1re *Aiguillée*. — 2 à l'envers, 1 augmentation, 4 à l'endroit, 1 rétrécie, 6 à l'endroit, 1 rétrécie, 4 à l'endroit, 1 augmentation.

2e *Aiguillée*. — 2 à l'envers, 1 à l'endroit, 1 augmentation, 4 à l'endroit, 1 rétrécie, 4 à l'endroit, 1 rétrécie, 4 à l'endroit.

3e *Aiguillée*. — 2 à l'envers, 2 à l'endroit, 1 augmentation, 4 à l'endroit, 1 rétrécie, 2 à l'endroit, 1 rétrécie, 4 à l'endroit, 1 augmentation, 2 à l'endroit.

4e *Aiguillée*. — 2 à l'envers, 3 à l'endroit, 1 augmentation, 4 à l'endroit, 1 surjetée 1 à l'endroit, croiser les 3 mailles surjetées, 1 rétrécie, 4 à l'endroit, 1 augmentation, 3 à l'endroit, revenir à la 1re aiguillée.

(Voyez la figure nº 9.)

Nº 12. — TRICOT POUR BONNETS.

1re Aiguillée. — 1 maille augmentée, 1 maille surjetée, 4 mailles à l'endroit.

2e Aiguillée. — 1 maille augmentée, tricoter la maille augmentée, 1 maille augmentée, 1 maille surjetée, 1 maille à l'endroit, 1 maille rétrécie,

3e Aiguillée. — 1 maille augmentée, 3 mailles à l'endroit, 1 maille augmentée, prendre la maille sans la tricoter et surjetez-là sur la maille rétrécie, revenir à la 1re aiguillée.

Nº — 13 TRICOT A FEUILLES FONDUES

POUR FOND DE COUVRE-PIEDS ET RIDEAUX.

Montez un nombre de mailles divisible par 15.

1er Tour à l'endroit. — * 1 maille rétrécie à l'envers, 3 unies, 1 jetée, 1 rétrécie, 1 jetée, 1 unie, 1 jetée, 1 rétrécie, 1 jetée, 3 unies, 1 rétrécie, * retournez au signe.

2e Aiguillée. — A l'envers.

3e Aiguillée. — * 1 maille rétrécie à l'envers, 2 unies, 1 jetée, 1 rétrécie, 1 jetée, 3 unies, 1 jetée, 1 rétrécie, 1 jetée, 2 unies, 1 rétrécie, * retournez au signe,

4e *Aiguillée à l'envers.*

5e *Aiguillée.* —* 1 maille rétrécie à l'envers, 1 unie, 1 jetée, 1 rétrécie, 1 jetée, 5 unies, 1 jetée, 1 rétrécie, 1 jetée, 1 unie, 1 rétrécie, * retournez au signe.

6e *Aiguillée à l'envers.*

7e *Aiguillée* * 1 maille rétrécie à l'envers, laissez le fil sur l'aiguille, 1 rétrécie, 1 jetée, 7 unies, 1 jetée, 1 rétrécie, 1 jetée, 1 rétrécie, * retournez au signe.

8e *Aiguillée à l'envers.*

9e *Aiguillée.* * 1 maille unie, 1 jetée, 1 rétrécie, 1 jetée, 3 unies, 1 rétrécie, 4 unies, 1 jetée, 1 rétrécie, 1 jetée, 1 unie, * retournez au signe.

10e *Aiguillée à l'envers.*

11e *Aiguillée.* —* 1 maille unie, 1 jetée, 1 rétrecie, 1 jetée, 3 unies, 1 rétrécie, 1 rétrécie à l'envers, 3 unies, 1 jetée, 1 rétrécie, 1 jetée, 1 unie, * retournez au signe.

12e *Aiguillée à l'envers.*

13e *Aiguillée.* * 2 mailles unies, 1 jetée, 1 rétrécie, 1 jetée, 2 unies, 1 rétrécie, 1 rétrécie à l'envers, 2 unies, 1 jetée, 1 rétrécie, 1 jetée, 2 unies, * retournez au signe.

14e *Aiguillée à l'envers.*

15e *Aiguillée.* —* 3 mailles unies, 1 jetée, 1 rétrécie, 1 jetée, 1 unie, 1 rétrécie, 1 rétrécie à l'envers, 1 unie, 1 jetée, 1 rétrécie, 1 jetée, 3 unies, * retournez au signe.

16e *Aiguillée à l'envers.*

17e *Aiguillée.* —* 4 mailles unies, 1 jetée, 1 rétrécie, 1 jetée, 1 rétrécie, 1 rétrécié à l'envers, laissez le fil sur l'aiguille, 1 rétrécie, 1 jetée, 4 unies, * retournez au signe.

18e *Aiguillée à l'envers.*

19e *Aiguillée.* —* 1 maille rétrécie à l'envers, 3 unies, 1 jetée, 1 rétrécie, 1 jetée, 1 rétrécie, 1 jetée, 1 rétrécie, 1 jétée, 3 unies, 1 rétrécie, * retournez au signe.

20e *Aiguillée à l'envers.*

21e *Aiguillée.* —* 1 rétrécie à l'envers, 3 unies, 1 jetée, 1 rétrécie, 1 jetée, 1 unie, 1 jetée, 1 rétrécie, 1 jetée, 3 unies, 1 rétrécie, * retournez au signe.

22e *Aiguillée à l'envers.* —Revenir à la 1re aiguillée.

(Voyez la figure n° 13.)

N° 14. — TRICOT PAPILLON.

Montez 15 mailles pour le fond et 4 pour la bordure.

1re *Aiguillée.*—2 mailles unies, 1 rétrécie, 5 unies, 1 jetée, 5 unies, 1 rétrécie.

2ᵉ *Aiguillée à l'envers.*

3ᵉ *Aiguillée à l'endroit.* — 2 unies, 1 rétrécie, 4 unies, 1 jetée, 1 unie, 1 jetée, 4 unies, 1 rétrécie.

4ᵉ *Aiguillée à l'envers.*

5ᵉ *Aiguillée à l'endroit.* — 2 mailles unies, 1 rétrécie, 3 unies, 1 jetée, 3 unies, 1 jetée, 3 unies, 1 rétrécie.

6ᵉ *Aiguillée à l'envers.*

7ᵉ *Aiguillée à l'endroit.* — 2 unies, 1 rétrécie, 2 unies, 1 jetée, 1 unie, 1 jetée, 1 unie, 1 jetée, 1 rétrécie, 2 unies.

8ᵉ *Aiguillée à l'envers.*

9ᵉ *Aiguillée à l'endroit.* — 2 unies, 1 rétrécie, 1 unie, 1 jetée, 3 unies, 1 jetée, 1 unie, 1 jetée, 3 unies, 1 jetée, 1 unie, 1 rétrécie.

10ᵉ *Aiguillée à l'envers.*

11ᵉ *Aiguillée.* — 2 unies, 1 rétrécie, 1 jetée, 1 unie, 4 jetées, 3 unies, 4 unies, 1 jetée, 1 rétrécie.

12ᵉ *Aiguillée à l'envers.*

13ᵉ *Aiguillée.* — 2 unies, 1 rétrécie, 5 unies, 1 jetée, 1 rétrécie, 4 unies, 1 rétrécie.

14ᵉ *Aiguillée à l'envers.* — Revenir à la 3ᵉ aiguillée.

(Voyez la figure nº 14.)

Nº 15. — TRICOT ÉPIS D'ORGE.

Montez 63 mailles.

1ʳᵉ *Aiguillée* — 1 maille nulle, * 1 rétrécie à l'envers, laissez le fil sur l'aiguille, 1 rétrécie à l'endroit, 1 jetée, 1 rétrécie, 1 jetée, 1 rétrécie, 1 jetée, 1 rétrécie, jetez 2 fois le fil, 2 à l'envers, laissez le fil sur l'aiguille, 1 maille nulle, 1 rétrécie à l'endroit, surjeter la maille nulle, jeter 2 fois le fil, 2 à l'envers, laissez le fil sur l'aiguille, 1 rétrécie à l'endroit, 5 unies, 1 à l'envers, retournez au signe, finir par 2 à l'endroit.

2ᵉ *Aiguillée.* — 1 maille nulle, 1 à l'endroit, * 9 à l'envers, 2 à l'endroit, 3 à l'envers, 2 à l'endroit, 7 à l'envers, 2 à l'endroit, * retournez au signe.

3ᵉ *Aiguillée.* — 1 maille nulle, * 1 rétrécie à l'envers, laissez le fil sur l'aiguille, 1 rétrécie à l'endroit, 1 jetée, 1 rétrécie, 1 jetée, 1 rétrécie, 1 jetée, 1 rétrécie, jeter 2 fois le fil, 1 à l'envers, 1 rétrécie à l'envers, laisser le fil sur l'aiguille, 1 unie, 1 jetée, 1 unie, 2 à l'envers, 1 unie, 1 rétrécie, 4 unies, 1 à l'envers, * retournez au signe.

4ᵉ *Aiguillée.* — 1 maille nulle, 1 à l'endroit, * 9 à l'envers, 2 à l'endroit, 4 à l'envers, 2 à l'endroit, 6 à l'envers, 2 à l'endroit, * retournez au signe.

5e *Aiguillée.* — 1 maille nulle, * 1 rétrécie à l'envers, laissez le fil sur l'aiguille, 1 rétrécie à l'endroit, 1 jetée, 1 rétrécie, 1 jetée, 1 rétrécie, 1 jetée, 1 rétrécie, jetez 2 fois le fil, 1 à l'envers, 1 rétrécie à l'envers, laisser le fil sur l'aiguille, 1 unie, 1 jetée, 2 unies, 2 à l'envers, 1 unie, 1 rétrécie, 3 unies, 1 à l'envers, * retournez au signe.

6e *Aiguillée.* — Une maille nulle, 1 à l'endroit, * 9 à l'envers, 2 à l'endroit, 5 à l'envers, 2 à l'endroit, 5 à l'envers, 2 à l'endroit, * retournez au signe.

7e *Aiguillée.* — 1 maille nulle, * 1 rétrécie à l'envers, laisser le fil sur l'aiguille, 1 rétrécie à l'endroit, 1 jetée, 1 rétrécie, 1 jetée, 1 rétrécie, 1 jetée, 1 rétrécie, jeter 2 fois le fil, 1 à l'envers, 1 rétrécie à l'envers, laisser le fil sur l'aiguille, 1 unie, 1 jetée, 3 unies, 2 à l'envers, 1 unie, 1 rétrécie, 2 unies, 1 à l'envers, * retournez au signe.

8e *Aiguillée.* — 1 maille nulle, 1 à l'endroit, * 9 à l'envers, 2 à l'endroit, 4 à l'envers, 2 à l'endroit, 6 à l'envers, 2 à l'endroit, * retournez au signe.

9e *Aiguillée.* — 1 maille nulle, * 1 rétrécie à l'envers, laisser le fil sur l'aiguille, 1 rétrécie à l'endroit, 1 jetée, 1 rétrécie, 1 jetée, 1 rétrécie, 1 jetée, 1 rétrécie, jeter 2 fois le fil, 1 à l'envers, 1 rétrécie à l'envers, laisser le fil sur l'aiguille, 1 unie, 1 jetée, 4 unies, 2 à l'envers, 1 unie, 1 rétrécie, 1 unie, 1 à l'envers, * retournez au signe.

10e *Aiguillée.* — 1 maille nulle, 1 à l'endroit, * 9 à l'envers, 2 à l'endroit, 3 à l'envers, 2 à l'endroit, 7 à l'envers, 2 à l'endroit, * retournez au signe.

11e *Aiguillée.* — 1 maille nulle, * 1 rétrécie à l'envers, laissser le fil sur l'aiguille, 1 rétrécie à l'endroit, 1 jetée, 1 rétrécie, 1 jetée, 1 rétrécie, 1 jetée, 1 rétrécie, jetez 2 fois le fil, 2 à l'envers, laisser le fil sur l'aiguille, 1 rétrécie à l'endroit, 5 unies, 2 à l'envers, laisser le fil sur l'aiguille, 1 maille nulle, 1 rétrécie, surjetez la maille nulle, 1 jetée, 1 à l'envers, * retournez au signe.

12e *Aiguillée.* — 1 maille nulle, 1 à l'endroit, * 9 à l'envers, 2 à l'endroit, 3 à l'envers, 2 l'endroit, 7 à l'envers, 2 à l'endroit, * retournez au signe.

13e *Aiguillée.* — 1 maille nulle, * 1 rétrécie à l'envers, laisser le fil sur l'aiguille, 1 rétrécie à l'endroit, 1 jetée, 1 rétrécie, 1 jetée, 1 rétrécie, 1 jetée, 1 rétrécie, jetez 2 fois le fil, 2 à l'envers, 1 unie, 1 rétrécie, 4 unies, 1 à l'envers, 1 rétrécie à l'envers, laisser le fil sur l'aiguille, 1 unie, 1 jetée, 1 unie, 1 à l'envers, * retournez au signe.

14 *Aiguillée.* — 1 maille nulle, 1 à l'endroit, * 9 à l'envers, 2 à l'endroit, 4 à l'envers, 2 à l'endroit, 6 à l'envers, 2 à l'endroit, * retournez au signe.

15e *Aiguillée.* — 1 maille nulle, * 1 rétrécie à l'envers, laisser le fil sur l'aiguille, 1 rétrécie à l'endroit, 1 jetée, 1 rétrécie, 1 jetée, 1 rétrécie, 1 jetée, 1 rétrécie, jetez 2 fois le fil, 2 à l'envers, 1 unie, 1 rétrécie, 3 unies, 1 à l'envers, 1 rétrécie à l'envers, laisser le fil sur l'aiguille, 1 unie, 1 jetée, 2 unies, 1 à l'envers, * retournez au signe.

16 *Aiguillée.* — 1 maille nulle, 1 à l'endroit, * 9 à l'envers, 2 à l'endroit, 5 à l'envers, 2 à l'endroit, 5 à l'envers, 2 à l'endroit, * retournez au signe.

17e *Aiguillée.* — 1 maille nulle, * 1 rétrécie à l'envers, laissez le fil sur l'aiguille, 1 rétrécie à l'endroit, 1 jetée, 1 rétrécie, 1 jetée, 1 rétrécie, 1 jetée, 1 rétrécie, jeter 2 fois le fil, 2 à l'envers, 1 unie, 1 rétrécie, 2 unies, 1 à l'envers, 1 rétrécie à l'envers, laisser le fil sur l'aiguille, 1 unie, 1 jetée, 3 unies, 1 à l'envers, * retournez au signe.

18e *Aiguillée.* — 1 maille nulle, 1 à l'endroit, * 9 à l'envers, 2 à l'endroit, 6 à l'envers, 2 à l'endroit, 4 à l'envers, 2 à l'endroit, * retournez au signe.

19e *Aiguillée.* — 1 maille nulle, * 1 rétrécie à l'envers, laissez le fil sur l'aiguille, 1 rétrécie à l'endroit, 1 jetée, 1 rétrécie, 1 jetée, 1 rétrécie, 1 jetée, 1 rétrécie, jeter 2 fois le fil, 2 à l'envers, 1 unie, 1 rétrécie, 1 unie, 1 à l'envers, 1 rétrécie à l'envers, laissez le fil sur l'aiguille, 1 unie, 1 jetée, 4 unies, 1 à l'envers, * retournez au signe.

20e *Aiguillée.* — 1 maille nulle, 1 à l'endroit, * 9 à l'envers, 2 à l'endroit, 7 à l'envers, 2 à l'endroit, 3 à l'envers, 2 à l'endroit, * retournez au signe, revenir à la 1re aiguillée.

(Voyez la figure n° 15.)

N° 16. — TRICOTS A BATONS ROMPUS.

Ce tricot serait fort joli pour manteau de lit, rideaux, toilette de duchesse, etc, etc.

Montez un nombre de maille divisible par 24 et 3 de plus pour les deux lisières.

1re *Aiguillée.* — 3 unies, * 1 rétrécie, 1 jetée, 2 unies, 1 rétrécie, 1 jetée, 2 unies, 1 rétrécie, 1 jetée, 1 unie, 1 jetée, 1 rétrécie surjetée, 2 unies, 1 jetée, 1 rétrécie surjetée, 2 unies, 1 jetée, 1 rétrécie surjetée, 3 unies, * retournez au signe.

2e *Aiguillée à l'envers.*

3e *Aiguillée.* — 2 mailles unies, * 1 rétrécie, 1 jetée, 2 unies, 1 rétrécie, 1 jetée, 2 unies, 1 rétrécie, 1 jetée, 3 unies, 1 jetée, 1 rétrécie surjetée, 2 unies, 1 jetée, 1 rétrécie surjetée, 2 unies, 1 jetée, 1 rétrécie surjetée, 1 unie, * retournez au signe.

4e *Aiguillée à l'envers.*

5e *Aiguillée.* — 1 unie, 1 rétrécie, * 1 jetée, 2 unies, 1 rétrécie, 1 jetée, 2 unies, 1 rétrécie, 1 jetée, 5 unies, 1 jetée, 1 rétrécie surjetée, 2 unies, 1 jetée, 1 rétrécie surjetée, 2 unies, 1 jetée, prenez une maille sans la tricoter, 1 rétré-

cie , surjetez celle qui n'est pas tricotée sur celle rétrécie , *
retournez au signe.

6e *Aiguillée à l'envers.*

7e *Aiguillée.* — 1 maille unie, * 1 jetée, 1 rétrécie surjetée,
1 unie , 1 rétrécie, 1 jetée, 2 unies , 1 rétrécie, 1 jetée, 7
unies , 1 jetée , 1 rétrécie surjetée , 2 unies , 1 jetée , 1 rétrécie surjetée , 2 unies , * retournez au signe.

8e *Aiguillée à l'envers.*

9e *Aiguillée.* — 2 mailles unies, * 1 jetée, prendre 1 maille
sans la tricoter, 1 rétrécie , jeter celle qui n'est pas tricotée
sur celle rétrécie, 1 jetée, 2 unies, 1 rétrécie, 1 jetée, 1 unie,
1 jetée, 1 rétrécie surjetée, 3 unies, 1 rétrécie, 1 jetée, 1
unie , 1 jetée, 1 rétrécie surjetée, 2 unies, 1 jetée , 1 rétrécie surjetée, 2 unies, * retournez au signe.

10e *Aiguillée à l'envers.*

11e *Aiguillée.* — 3 unies , * 1 jetée, 1 rétrécie surjetée, 1
unie, 1 rétrécie, 1 jetée, 3 unies, 1 jetée, 1 rétrécie surjetée,
1 unie, 1 rétrécie, 1 jetée, 3 unies, 1 jetée, 1 rétrécie surjetée, 2 unies, 1 jetée, 1 rétrécie surjetée, 2 unies, * retournez au signe.

12e *Aiguillée à l'envers.*

13e *Aiguillée,* — 4 unies, * 1 jetée. prenez une maille sans
la tricoter, 1 rétrécie, jetez la maille non tricotée sur celle ré-

trécie, 1 jetée, 5 unies, 1 jetée, prenez une maille sans la tricoter, 1 rétrécie, jeter celle qui n'est pas tricotée sur celle rétrécie, 1 jetée, 5 unies, 1 jetée, 1 rétrécie surjetée, 2 unies, 1 jetée, 1 rétrécie surjetée, 2 unies, * retournez au signe.

14e *Aiguillée à l'envers.*

15e *Aiguillée.* — 1 unie, * 1 jetée, 1 rétrécie surjetée, 2 unies, 1 jetée, prenez une maille sans la tricoter, 1 rétrécie, jeter celle qui n'est pas tricotée sur celle rétrécie, 3 unies, 1 rétrécie, 1 jetée, 1 unie, 1 jetée, 1 rétrécie surjetée, 4 unies, 1 jetée, 1 unie, 1 jetée, 1 rétrécie surjetée, 2 unies, * retournez au signe.

16e *Aiguillée à l'envers.*

17e *Aiguillée.* — 2 unies, * 1 jetée, 1 rétrécie surjetée, 2 unies, 1 jetée, 1 rétrécie surjetée, 1 unie, 1 rétrécie, 1 jetée, 3 unies, 1 jetée, 1 rétrécie surjetée, 1 unie, 1 rétrécie, 1 jetée, 3 unies, 1 jetée, 1 rétrécie surjetée, 2 unies, * retournez au signe.

18e *Aiguillée à l'envers.*

19e *Aiguillée.* — 3 unies, * 1 jetée, 1 rétrécie surjetée, 2 unies, 1 jetée, prenez une maille sans la tricoter, 1 rétrécie, jeter celle qui n'est pas tricotée sur celle rétrécie, 1 jetée, 5 unies, 1 jetée, 3 mailles ensemble, 1 jetée, 2 unies, 1 rétrécie, 1 jetée, 1 unie, 1 jetée, 1 rétrécie surjetée, 2 unies, * retournez au signe.

20e *Aiguillée à l'envers.*

21e *Aiguillée.*—4 unies, * 1 jetée, 1 rétrécie surjetée, 2 unies, 1 jetée, 1 rétrécie surjetée, 5 unies, 1 rétrécie, 1 jetée, 2 unies, 1 rétrécie, 1 jetée, 3 unies, 1 jetée, 1 rétrécie surjetée, 2 unies, * retournez au signe.

22e *Aiguillée à l'envers.*

23e *Aiguillée.*—1 unie, * 1 jetée, 1 rétrécie surjetée, 2 unies, 1 jetée, 1 rétrécie surjetée, 2 unies, 1 jetée, 1 rétrécie surjetée, 3 unies, 1 rétrécie, 1 jetée, 2 unies, 1 rétrécie, 1 jetée, 2 unies, 1 rétrécie, 1 jetée, 1 unie, * retournez au signe.

24e *Aiguillée à l'envers.*

25e *Aiguillée.*—2 unies, * 1 jetée, 1 rétrécie surjetée, 2 unies, 1 jetée, 1 rétrécie surjetée, 2 unies, 1 jetée, 1 rétrécie surjetée, 1 unie, 1 rétrécie, 1 jetée, 2 unies, 1 rétrécie, 1 jetée, 2 unies, 1 rétrécie, 1 jetée, 3 unies, * retournez au signe.

26e *Aiguillée à l'envers.*

27e *Aiguillée.*—3 unies, * 1 jetée, 1 rétrécie surjetée, 2 unies, 1 jetée, 1 rétrécie surjetée, 2 unies, 1 jetée, 3 mailles ensemble, 1 jetée, 2 unies, 1 rétrécie, 1 jetée, 2 unies, 1 rétrécie, 1 jetée, 5 unies, * retournez au signe.

28e *Aiguillée à l'envers.*

29e *Aiguillée.* — 4 unies, * 1 jetée, 1 rétrécie surjetée, 2 unies, 1 jetée, 1 rétrécie surjetée, 1 unie, 1 rétrécie, 1 jetée, 2 unies, 1 rétrécie, 1 jetée, 2 unies, 1 rétrécie, 1 jetée, 7 unies, * retournez au signe.

30e *Aiguillée à l'envers.*

31e *Aiguillée.* — 4 unies, * 1 jetée, 1 unie, 1 jetée, 1 rétrécie surjetée, 2 unies, 1 jetée, 3 mailles ensemble, 1 jetée, 2 unies, 1 rétrécie, 1 jetée, 2 unies, 1 rétrécie, 1 jetée, 1 unie, 1 jetée, 1 rétrécie surjetée, 3 unies, 1 rétrécie, * retournez au signe.

32e *Aiguillée à l'envers.*

33e *Aiguillée.* — 2 unies, 1 rétrécie, * 1 jetée, 3 unies, 1 jetée, 1 rétrécie surjetée, 1 unie, 1 rétrécie, 1 jétée, 2 unies, 1 rétrécie, 1 jetée, 2 unies, 1 rétrécie, 1 jetée, 3 unies, 1 jetée, 1 rétrécie surjetée, 1 unie, 1 rétrécie, * retournez au signe.

34e *Aiguillée à l'envers.*

35e *Aiguillée.* — 1 unie, 1 rétrécie, 1 jetée, 5 unies, * 1 jetée, prendre une maille sans la tricoter, 1 rétrécie, jeter celle qui n'est pas tricotée sur celle rétrécie, 1 jetée, 2 unies, 1 rétrécie, 1 jetée, 2 unies, 1 rétrécie, 1 jetée, 5 unies, 1 jetée, prendre une maille sans la tricoter, 1 rétrécie, jeter celle qui n'est pas tricotée sur celle rétrécie, 1 jetée, 5 unies, 1 jetée, * retournez au signe.

36e *Aiguillée à l'envers.*

37e *Aiguillée.* — 2 unies, * 1 jetée, 1 rétrécie surjetée, 3 unies, 3 mailles ensemble, 1 jetée, 2 unies, 1 rétrécie, 1 jetée, 2 unies, 1 rétrécie, 1 jetée, 1 unie, 1 jetée, 4 unies, 1 rétrécie, 1 jetée, 1 unie, * retournez au signe.

38e *Aiguillée à l'envers.*

39e *Aiguillée.* — 3 unies, * 1 jetée, 1 rétrécie surjetée, 1 unie, 1 rétrécie, 1 jetée, 2 unies, 1 rétrécie, 1 jetée, 2 unies, 1 rétrécie, 1 jetée, 3 unies, 1 jetée, 1 rétrécie surjetée, 1 unie, 1 rétrécie, 1 jetée, 3 unies, * retournez au signe.

40e *Aiguillée à l'envers.*

41e *Aiguillée.* — 4 unies, * 1 jetée, 3 ensemble, 1 jetée, 2 unies, 1 rétrécie, 1 jetée, 2 unies, 1 rétrécie, 1 jetée, 1 unie, 1 jetée, 1 rétrécie surjetée, 2 unies, 1 jetée, prendre 1 maille sans la tricoter, 1 rétrécie, jeter celle qui n'est pas tricotée sur celle rétrécie, 1 jetée, 5 unies, * retournez au signe.

42e *Aiguillée à l'envers.*

43e *Aiguillée.* — 4 unies, * 1 rétrécie, 1 jetée, 2 unies, 1 rétrécie, 1 jetée, 2 unies, 1 rétrécie, 1 jetée, 3 unies, 1 jetée, 1 rétrécie surjetée, 2 unies, 1 jetée, 1 rétrécie surjetée, 5 unies, * retournez au signe.

44e *Aiguillée à l'envers.*

Revenir à la 1re aiguille.

(Voyez la figure n° 16.)

N° 17. -- TRICOT POUR ENTRE-DEUX.

Montez 21 mailles.

1re *Aiguillée*. — 1 maille nulle, 1 rétrécie , 2 jetées, 1 rétrécie, 1 jetée, 1 rétrécie , 3 à l'endroit, 1 à l'envers, 3 à l'endroit, 1 rétrécie, 1 jetée, 1 rétrécie , 2 jetées, 1 rétrécie , 1 à l'endroit.

2e *Aiguillée*. — Une maille nulle, 2 à l'endroit, 1 à l'envers, 1 à l'endroit, 1 à l'envers , 1 jetée, 1 à l'envers rétrécie, 2 à l'envers, 1 l'endroit, 2 à l'envers , 1 à l'envers rétrécie, 1 jetée, 1 à l'envers, 2 à l'endroit, 1 à l'envers, 2 à l'endroit.

3e *Aiguillée*. — 1 maille nulle , 1 rétrécie , 2 jetées, 1 rétrécie, 2 à l'endroit, 1 jetée, 1 rétrécie, 1 à l'endroit, 1 à l'envers, 1 à l'endroit , 1 rétrécie, 1 jetée , 2 à l'endroit , 1 rétrécie, 2 jetées , 1 rétrécie , 1 à l'endroit.

4e *Aiguillée*. — 1 maille nulle, 2 à l'endroit, 1 à l'envers, 1 à l'endroit, 3 à l'envers, 1 jetée, 1 à l'envers rétrécie, 1 à l'endroit, 1 à l'envers rétrécie, 1 jetée , 3 à l'envers , 2 à l'endroit , 1 à l'envers, 2 à l'endroit.

5e *Aiguillée*. — 1 maille nulle, 1 rétrécie, 2 jetées, 1 rétrécie, 4 l'endroit, 1 jetée, 3 mailles ensemble, 1 jetée, 4 à l'endroit, 1 rétrécie, 2 jetées, 1 rétrécie, 1 à l'endroit.

6e *Aiguillée.* — 1 maille nulle, 2 à l'endroit, 1 à l'envers, 1 à l'endroit, 5 à l'envers, 1 à l'endroit, 5 à l'envers, 2 à l'endroit, 1 à l'envers, 2 à l'endroit.

Revenir à la 1re Aiguillée.

(Voyez la figure n° 17.)

N° 18. — AUTRE ENTRE-DEUX.

Montez 20 mailles.

1re *Aiguillée* — 1 maille unie, 1 rétrécie à l'endroit, 1 jetée, 5 à l'endroit, 1 rétrécie, 3 jetées, 1 rétrécie, 3 1 à l'endroit, 1 rétrécie, 1 jetée, 3 à l'endroit.

2e *Aiguillée.* — 1 maille unie, 1 rétrécie à l'envers, 1 jetée, 4 à l'envers, 1 rétrécie, 2 jetées, prendre les 3 mailles précédentes en une seule sans les tricoter, 2 jetées, 1 rétrécie, 2 à l'envers, 1 rétrécie, 1 jetée, 3 à l'endroit.

3e *Aiguillée.* — 1 maille unie, 1 rétrécie à l'endroit, 1 jetée, 3 à l'endroit, 1 rétrécie, 2 jetées, prendre en 2 mailles sans les tricoter la grande maille de la 1re aiguille et les 4 jetées de l'aiguille précédente, 2 jetées, 1 rétrécie, 1 à l'endroit, 1 rétrécie, 1 jetée, 3 à l'endroit.

4e *Aiguillée.* — 1 maille unie, 1 rétrécie à l'envers, 1 jetée, 2 à l'envers, 1 rétrécie, 2 jetées, prendre les 3 grandes mailles sans les tricoter, 2 jetées, 2 rétrécies à l'envers, 1 jetée, 3 à l'envers.

5e *Aiguillée.* — 1 maille unie, 1 rétrécie, 1 jetée, 3 à l'endroit, 3 jetées, 1 à l'endroit, 1 à l'envers en prenant à la fois les 4 grandes mailles, 3 jetées, 1 à l'endroit, 1 rétrécie, 1 jetée, 3 à l'endroit.

6e *Aiguillée.* — 1 maille unie, 1 rétrécie à l'envers, 1 jetée, 4 à l'envers, 1 à l'endroit, 4 à l'envers, 1 à l'endroit, 2 à l'envers, 1 rétrécie, 1 jetée, 3 à l'envers.

7e *Aiguillée.* — 1 maille unie, 1 rétrécie à l'endroit, 1 jetée, 12 à l'endroit, 1 rétrécie, 1 jetée, 3 à l'endroit.

8e *Aiguillée.* — 1 maille unie, 1 rétrécie, 1 jetée, 12 à l'envers, 1 rétrécie, 1 jetée, 3 à l'envers.

Revenir à la 1re aiguille.

N° 19. — AUTRE ENTRE-DEUX

POUR MANCHES A COQUILLES.

Une maille unie, 1 rétrécie, 1 maille unie, 1 jetée, 1 rétrécie, 1 unie, ainsi de suite pendant 8 tours, 1 tour uni, jeter 2 fois le fil sur l'aiguille, tricoter 1 maille, 1 rétrécie, ainsi de suite tout le tour, 1 maille unie à l'endroit, 1 à l'envers, 1 rétrécie, tout le tour, 1 jetée, 1 unie, 1 rétrécie, faites ainsi 8 tours

N° 20. — DENTELLES.

Montez 11 mailles.

1re *Aiguillée.*—3 unies, 1 jetée, 2 ensemble, 1 unie, 2 jetées, 2 ensemble, 2 jetées, 2 ensemble, 1 unie.

2e *Aiguillée.* — 3 unies, 1 à l'envers, 2 à l'endroit, 1 à l'envers, 3 à l'endroit, 1 jetée, 2 ensemble, 1 unie.

3e *Aiguillée.* — 3 unies, 1 jetée, 2 ensemble, 8 à l'endroit.

4e *Aiguillée.*—10 à l'endroit, 1 jetée, 2 ensemble, 1 unie.

5e *Aiguillée.*— 3 unies, 1 jetée, 2 ensemble, 1 unie, 2 jetées, 2 ensemble, 2 jetées, 2 ensemble, 2 jetées, 2 ensemble, 1 unie.

6e *Aiguillée.* — 3 unies, 1 à l'envers, 2 unies, 1 à l'envers, 2 unies, 1 à l'envers, 3 unies, 1 jetée, 2 ensemble 1 unie.

7e *Aiguillée.* —3 unies, 1 jetée, 2 ensemble, 11 unies.

8e *Aiguillée.* — 13 unies, 1 jetée, 2 ensemble, 1 unie.

9e *Aiguillée.*—3 unies, 1 jetée, 2 ensemble, 1 unie, 2 jetées, 2 ensemble, 2 jetées, 2 ensemble, 2 jetées, 2 ensemble, 2 jetées, 2 ensemble, 2 jetées, 2 ensemble.

10e *Aiguillée.* — 2 unies, 1 à l'envers, 2 unies, 1 à l'envers, 2 unies, 1 à l'envers, 2 unies, 1 à l'envers, 2 unies, 1 à l'envers, 3 à l'endroit, 1 jetée, 2 ensemble, 1 unie.

11e *Aiguillée.* — 3 unies, 1 jetée, 2 ensemble, 16 unies.

12e *Aiguillée.* — Surjeter 10 mailles, 7 unies, 1 jetée, 2 ensemble, 1 unie.

Revenir à la 1re aiguille.

(Voyez la figure n° 20.)

N° 21. — DENTELLE A FEUILLES DE ROSE.

Montez 9 mailles.

1re *Aiguillée.* — 2 à l'endroit, 1 rétrécie, 2 jetées, 1 rétrécie, 1 jetée, 1 à l'endroit, 1 jetée, 2 unies à l'endroit.

2e *Aiguillée.* — 2 à l'endroit, 4 à l'envers, 1 à l'endroit, 1 l'envers, 3 à l'endroit.

3e *Aiguillée.* — 6 à l'endroit, 1 jetée, 3 à l'endroit, 1 jetée, 2 à l'endroit.

4e *Aiguillée.* — 2 à l'endroit, 8 à l'envers, 3 à l'endroit.

5e *Aiguillée.* — 2 à l'endroit, 1 rétrécie, 2 jetée, 1 rétrécie, 1 jetée, 5 à l'endroit, 1 jetée, 2 à l'endroit.

6e *Aiguillée.* — 2 à l'endroit, 8 à l'envers, 1 à l'endroit, 1 à l'envers, 3 à l'endroit.

7e *Aiguillée.* — 6 à l'endroit, 1 jetée, 7 à l'endroit, 1 jetée, 2 à l'endroit.

8e *Aiguillée.* — 2 à l'endroit, 12 à l'envers, 3 à l'endroit.

9e *Aiguillée.* — 2 à l'endroit, 1 rétrécie, 2 jetées, 1 rétrécie, 1 jetée, 2 à l'endroit, 1 rétrécie, 1 à l'envers, 1 rétrécie, 2 à l'endroit, 1 jetée, 2 à l'endroit.

10e *Aiguillée.* — 2 à l'endroit, 10 à l'envers, 1 à l'endroit, 1 à l'envers, 3 à l'endroit.

11e *Aiguillée.* — 6 à l'endroit, 1 jetée, 2 à l'endroit, 1 rétrécie, 1 à l'envers, 1 rétrécie, 2 à l'endroit, 1 jetée, 2 à l'endroit.

12e *Aiguillée.* — 2 à l'endroit, 12 à l'envers, 3 à l'endroit.

13e *Aiguillée* — 2 à l'endroit, 1 rétrécie, 2 jetées, 1 rétrécie, 1 jetée, 2 à l'endroit, 1 rétrécie, 1 à l'envers, 1 rétrécie, 2 à l'endroit, 1 jetée, 2 à l'endroit.

14e *Aiguillée.* — 2 à l'endroit, 10 à l'envers, 1 à l'endroit, 1 à l'envers, 3 à l'endroit.

15e *Aiguillée.* — 5 à l'endroit, 1 rétrécie, 1 jetée, 1 à l'endroit, 1 rétrécie, 1 à l'envers, 1 rétrécie, 1 à l'endroit, 1 jetée, 1 rétrécie, 1 à l'endroit.

16e *Aiguillée.* — 2 à l'endroit, 10 à l'envers, 3 à l'endroit.

17e *Aiguillée.* — 2 à l'endroit, 1 rétrécie, 2 jetées, 3 rétrécies, 1 jetée, 1 rétrécie, 1 à l'envers, 1 rétrécie, 1 jetée, 1 rétrécie, 1 à l'endroit.

18e *Aiguillée.* — 2 à l'endroit, 6 à l'envers, 1 à l'endroit, 1 à l'envers, 3 à l'endroit.

19e *Aiguillée.* — 5 à l'endroit, 1 rétrécie, 1 jetée, prendre une maille sans la tricoter, 1 rétrécie, rabattre dessus la maille non tricotée, 1 à l'endroit, faire passer la maille sur l'aiguille de gauche et rabattre dessus les 2 mailles qui restent.

20e *Aiguillée.* — 2 à l'endroit, 4 à l'envers, 3 à l'endroit. Reprendre à la 1re aiguille.

(Voyez la figure n° 21.)

N° 22. — DENTELLE

ALLANT AVEC FOND DU DESSIN TRICOT.

Montez 24 mailles.

1re *Aiguillée.* — 3 mailles unies, 1 jetée, 1 rétrécie, 1 unie, 1 jetée, 1 rétrécie, 1 unie, 1 jetée, 1 rétrécie, 2 unies, 1 jetée, 1 rétrécie, 1 jetée, 1 rétrécie, 1 jetée, 1 rétrécie, 1 jetée, 2 unies.

2e *Aiguillée.* — 1 jetée, 1 rétrécie à l'envers, 11 unies, 1 jetée, 1 rétrécie, 1 unie, 1 jetée, 1 rétrécie, 1 unie, 1 jetée, 1 rétrécie, 1 unie.

3e *Aiguillée.* — 3 unies, 1 jetée, 1 rétrécie, 1 unie, 1 jetée, 1 rétrécie, 1 unie, 1 jetée, 1 rétrécie, 3 unies, 1 jetée, 1 rétrécie, 1 jetée, 1 rétrécié, 1 jetée, 1 rétrécie, 1 jétée, 2 unies.

4e *Aiguillée.* — 1 jetée, 1 rétrécie à l'envers, 12 unies, 1 jetée, 1 rétrécie, 1 unie, 1 jetée, 1 rétrécie, 1 unie, 1 jetée, 1 rétrécie, 1 unie.

5e *Aiguillée.* — 3 unies, 1 jetée, 1 rétrécie, 1 unie, 1 jetée, 1 rétrécie, 1 unie, 1 jetée, 1 rétrécie, 4 unies, 1 jetée, 1 rétrécie, 1 jetée, 1 rétrécie, 1 jetée, 1 rétrécie, 1 jetée, 2 unies.

6e *Aiguillée.* — 1 jetée, 1 rétrécie à l'envers, 13 unies, 1 jetée, 1 rétrécie, 1 unie, 1 jetée, 1 rétrécie, 1 unie, 1 jetée, 1 rétrécie, 1 unie.

7e *Aiguillée.* — 3 unies, 1 jetée, 1 rétrécie, 1 unie, 1 jetée, 1 rétrécie, 1 unie, 1 jetée, 1 rétrécie, 5 unies, 1 jetée, 1 rétrécie, 1 jetée, 1 rétrécie, 1 jetée, 1 rétrécie, 1 jetée, 2 unies.

8e *Aiguillée.* — 1 jetée, 1 rétrécie à l'envers, 14 unies, 1 jetée, 1 rétrécie, 1 unie, 1 jetée, 1 rétrécie, 1 unie, 1 jetée, 1 rétrécie, 1 unie.

9ᵉ *Aiguillée*. — 3 unies , 1 jetée, 1 rétrécie , 1 unie , 1 jetée, 1 rétrécie, 1 unie, 1 jetée , 2 rétrécies, 2 jetées , 1 rétrécie, 2 unies, 1 jetée, 1 rétrécie, 1 jetée, 1 rétrécie, 1 jetée , 1 rétrécie, 1 jetée , 2 unies.

10ᵉ *Aiguillée*. — 1 jetée, 1 rétrécie à l'envers, 11 unies , 1 à l'envers, 3 unies, 1 jetée, 1 rétrécie, 1 unie, 1 jetée, 1 rétrécie, 1 unie , 1 jetée, 1 rétrécie, 1 unie.

11ᵉ *Aiguillée*. — 3 unies, 1 jetée, 1 rétrécie, 1 unie, 1 jetée, 1 rétrécie, 1 unie, 1 jetée, 1 rétrécie, 2 unies , 1 rétrécie, 2 jetées, 1 rétrécie, 1 unie, 1 jetée, 1 rétrécie, 1 jetée , 1 rétrécie, 1 jetée, 1 rétrécie , 1 jetée, 2 unies.

12ᵉ *Aiguillée*. — 1 jetée, 1 rétrécie à l'envers, 10 unies, 1 à l'envers, 5 unies, 1 jetée, 1 rétrécie, 1 unie, 1 jetée, 1 rétrécie, 1 unie, 1 jetée, 1 rétrécie, 1 unie.

13ᵉ *Aiguillée*. — 3 unies, 1 jetée, 1 rétrécie , 1 unie, 1 jetée, 1 rétrécie, 1 unie, 1 jetée, 2 rétrécies, 2 jetées , 1 rétrécie, 1 unie, 1 rétrécie , 1 jetée, 1 rétrécie, 1 jetée, 1 rétrécie , 1 jetée, 1 rétrécie, 1 jetée, 1 rétrécie, 1 unie.

14ᵉ *Aiguillée*. — 1 jetée, 1 rétrécie à l'envers, 11 unies, 1 à l'envers, 3 unies, 1 jetée, 1 rétrécie, 1 unie, 1 jetée, 1 rétrécie, 1 unie, 1 jetée, 1 rétrécie, 1 unie.

15ᵉ *Aiguillée*. — 3 unies , 1 jetée, 1 rétrécie, 1 unie, 1 jetée, 1 rétrécie, 1 unie, 1 jetée, 1 rétrécie, 4 unies, 1 rétrécie, 1 jetée, 1 rétrécie, 1 jetée, 1 rétrécie, 1 jetée, 1 rétrécie, 1 jetée, 1 rétrécie, 1 unie.

16e *Aiguillée.* — 1 jetée, 1 rétrécie à l'envers, 14 unies, 1 jetée, 1 rétrécie, 1 unie, 1 jetée, 1 rétrécie, 1 unie, 1 jetée, 1 rétrécie, 1 unie.

17e *Aiguillée.* — 3 unies, 1 jetée, 1 rétrécie, 1 unie, 1 jetée, 1 rétrécie, 1 unie, 1 jetée, 1 rétrécie, 3 unies, 1 rétrécie, 1 jetée, 1 rétrécie, 1 jetée, 1 rétrécie, 1 jetée, 1 rétrécie, 1 jetée, 1 rétrécie, 1 unie.

18e *Aiguillée.* — 1 jetée, 1 rétrécie à l'envers, 13 unies, 1 jetée, 1 rétrécie, 1 unie, 1 jetée, 1 rétrécie, 1 unie, 1 jetée, 1 rétrécie, 1 unie.

19e *Aiguillée.* — 3 unies, 1 jetée, 1 rétrécie, 1 unie, 1 jetée, 1 rétrécie, 1 unie, 1 jetée, 1 rétrécie, 2 unies, 1 rétrécie, 1 jetée, 1 rétrécie, 1 jetée, 1 rétrécie, 1 jetée, 1 rétrécie, 1 jetée, 1 retrécie, 1 unie.

20e *Aiguillée.* — 1 jetée, 1 rétrécie à l'envers, 12 unies, 1 jetée, 1 rétrécie, 1 unie, 1 jetée, 1 rétrécie, 1 unie, 1 jetée, 1 rétrécie, 1 unie.

21e *Aiguillée.* — 3 unies, 1 jetée, 1 rétrécie, 1 unie, 1 jetée, 1 rétrécie, 1 unie, 1 jetée, 1 rétrécie, 1 unie, 1 rétrécie, 1 jetée, 1 rétrécie, 1 jetée, 1 rétrécie, 1 jetée, 1 rétrécie, 1 jetée, 1 rétrécie, 1 unie.

22e *Aiguillée* — 1 jetée, 1 rétrécie à l'envers, 11 unies, 1 jetée, 1 rétrécie, 1 unie, 1 jetée, 1 rétrécie, 1 unie, 1 jetée, 1 rétrécie, 1 unie.

23e *Aiguillée.* — 3 unies, 1 jetée, 1 rétrécie, 1 unie, 1 jetée, 1 rétrécie, 1 unie, 1 jetée, 2 rétrécies, 1 jetée, 1 rétrécie, 1 jetée, 1 rétrécie, 1 jetée, 1 rétrécie, 1 jetée, 1 rétrécie, 1 unie.

24e *Aiguillée.* — 1 jetée, 1 rétrécie à l'envers, 10 unies, 1 jetée, 1 rétrécie, 1 unie, 1 jetée, 1 rétrécie, 1 unie, 1 jetée 1 rétrécie, 1 unie.

Revenir à la 1re aiguille.

(Voyez la figure n° 22.)

N° 23. — DENTELLE.

Montez 12 mailles.

1re *Aiguillée.* — 1 maille nulle, 2 unies, 1 jetée, 1 rétrécie, 2 jetées, 1 retrécie, 5 à l'endroit.

2e *Aiguillée.* — 7 unies, 1 à l'envers, 2 unies, 1 jetée, 1 rétrécie, 1 unie.

3e *Aiguillée.* — 1 maille nulle, 2 unies, 1 jetée, 1 rétrécie, 2 unies, 2 jetées, 1 rétrécie, 4 à l'endroit.

4e *Aiguillée.* — 6 unies, 1 à l'envers, 4 unies, 1 jetée, 1 rétrécie, 1 unie.

5e *Aiguillée.* —1 maille nulle, 2 unies, 1 jetée 1 rétrécie, 4 unies, 2 jetées, 1 rétrécie, 3 unies.

6e *Aiguillée.*—Surjetez 3 mailles, 1 unie, 1 à l'envers, 6 unies, 1 jetée, 1 retrécie, 1 unie.

7e *Aiguillée.*—1 maille nulle, 2 unies, 1 jetée, 1 rétrécie, 2 unies, 1 rétrécie, 2 jetées, 3 unies.

8e *Aiguillée.* —4 unies, 1 à l'envers, 5 unies, 1 jetée, 1 rétrécie, 1 unie.

9e *Aiguillée.* —1 maille nulle, 2 unies, 1 jetée, 1 rétrécie, 1 unie, 1 rétrécie, 2 jetées, 5 unies.

10e *Aiguillée.* —6 unies, 1 à l'envers, 4 unies, 1 jetée, 1 rétrécie, 1 unie.

11e *Aiguillée.*— 3 mailles unies, 1 jetée, 1 retrécie, 1 rétrécie, 2 jetées, 7 unies.

12e *Aiguillée.*—Surjetez 3 mailles, 4 unies, 1 à l'envers, 3 unies, 1 jetée, 1 rétrécie, 1 unie.

Revenir à la 1re aiguillée.

(Voyez la figure n° 23.)

Nº 24. — PETITE DENTELLE GOTHIQUE.

Montez 10 mailles.

1re *Aiguillée.* — 3 mailles unies, 1 jetée, 2 ensemble, 3 jetées, 2 ensemble, 2 jetées, 2 ensemble, 1 unie.

2e *Aiguillée.* — 3 unies, 1 à l'envers, 2 unies, 1 à l'envers, 3 à l'endroit, 1 jetée, 2 ensemble, 1 unie.

3e *Aiguillée.* — 3 unies, 1 jetée, 2 ensemble, 8 unies.

4e *Aiguillée,* — 10 unies, 1 jetée, 2 ensemble, 1 unie.

5e *Aiguillée.* — 3 unies, 1 jetée, 2 ensemble, 3 unies, jetez 2 fois le fil, 2 mailles ensemble, jetez 2 fois le fil, 2 ensemble, 1 unie. Vous devez avoir 15 mailles sur cette aiguille.

6e *Aiguillée.* — 3 unies, 1 à l'envers, 2 unies, 1 à l'envers, 5 unies, 1 jetée, 2 ensemble, 1 unie.

7e *Aiguillée.* — 3 mailles unies, 1 jetée, 2 mailles ensemble, 10 unies.

8e *Aiguillée.* — Surjeter 5 mailles, 6 unies, 1 jetée, 2 mailles ensemble, 1 unie. Vous devez avoir 10 mailles sur cette aiguille.

Revenir à la 1re aiguillée.

(Voyez la figure nº 24.)

4

N° 25. — DENTELLE ÉTOILÉE.

Montez 18 mailles.

1re *Aiguillée*. — 2 unies , 2 ensemble, 2 jetées, 2 ensemble , 1 unie , 1 jetée, 2 ensemble, 2 ensemble, 2 jetées, 2 ensemble , 3 jetées , 2 ensemble, 3 jetées, 2 ensemble, 1 unie.

2e *Aiguillée*. — 3 unies, 1 à l'envers, 3 unies, 1 à l'envers, 3 unies, 1 à l'envers, 3 unies , 1 jetée, 2 ensemble, 1 unie, 1 à l'envers, 3 unies.

3e *Aiguillée*. — 7 unies, 1 jetée, 2 ensemble, 13 unies.

4e *Aiguillée*. — 15 unies, 1 jetée, 2 ensemble, 5 unies.

5e *Aiguillée*. — 2 unies, 2 ensemble, 2 jetées , 2 ensemble, 1 unie, 1 jetée, 2 ensemble, 2 ensemble, 3 jetées, 2 ensemble, 4 unies, 3 jetées, 2 ensemble, 3 jetées, 2 ensemble, 1 unie.

6e *Aiguillée*. — 3 unies , 1 à l'envers, 3 unies, 1 à l'envers, 7 unies, 1 à l'envers, 3 unies, 1 jetée, 2 ensemble, 1 unie, 1 à l'envers, 3 unies. Vous devez avoir 26 mailles.

7e *Aiguillée*. — 7 unies, 1 jetée, 2 ensemble, 17 unies. Vous devez avoir 26 mailles.

8e *Aiguillée*. — Surjetez 8 mailles, 10 unies, 1 jetée, 2 mailles ensemble, 5 unies. Il doit vous rester 18 mailles sur l'aiguille.

Revenir à la 1re aiguille.

(Voyez la figure no 25.)

N° 26. — PETITE DENTELLE.

Montez 7 mailles.

1re *Aiguillée.* — 3 unies, 1 jetée, 1 rétrécie, 3 jetées, 2 unies.

2e *Aiguillée.* — 3 unies, 1 à l'envers, 3 unies, 1 jetée, 1 rétrécie, 1 unie.

3e *Aiguillée* — 3 unies, 1 jetée, 1 rétrécie, 5 unies.

4e *Aiguillée.* — Surjetez 3 mailles, 3 unies, 1 jetée, 1 rétrécie, 1 unie.

Revenir à la 1re aiguille.

(Voyez la figure no 26.)

N° 27. — AUTRE DENTELLE CHARLOTTE.

Montez 12 mailles.

1re *Aiguillée.* — 9 unies, 1 jetée, 1 rétrécie, 1 unie.

2e *Aiguillée.* — 3 unies, 1 jetée, 1 rétrécie, 1 unie, 2 jetées, 1 rétrécie, 4 unies.

3e *Aiguillée.* — 6 unies, 1 à l'envers, 3 unies, 1 jetée, 1 rétrécie, 1 unie.

4e *Aiguillée.* — 1 unie, 1 jetée, 1 rétrécie, 8 unies.

5e *Aiguillée.* — 10 unies, 1 jetée, 1 rétrécie, 1 unie.

6e *Aiguillée.* — 3 unies, 1 jetée, 1 rétrécie, 1 unie, 2 jetées, 1 rétrécie, 1 unie, 2 jetées, 1 unie, 2 jetées, 1 unie, 2 jetées, 2 unies.

7e *Aiguillée.* — 3 unies, 1 à l'envers, 2 unies, 1 à l'envers, 2 unies, 1 à l'envers, 3 unies, 1 à l'envers, 3 unies, 1 jetée, 1 rétrécie, 1 unie.

8e *Aiguillée.* — 3 unies, 1 jetée, 1 rétrécie, 15 unies.

9e *Aiguillée.* — 17 unies, 1 jetée, 1 rétrécie, 1 unie.

10e *Aiguillée.* — 3 unies, 1 jetée, 1 rétrécie, 1 unie, 2 jetées, 1 rétrécie, 12 unies.

11ᵉ *Aiguillée* — 4 mailles longues en tournant 4 fois autour de l'aiguille, à chaque maille, 2 jetées, 1 rétrécie, 1 unie, 1 à l'envers, 3 unies, 1 jetée, 1 rétrécie, 1 unie.

12ᵉ *Aiguillée*. — 4 unies, 1 jetée, 1 rétrécie, 5 unies, 1 à l'envers.

Prenez les 11 mailles en une seule.

Revenir à la 1ʳᵉ aiguille.

(Voyez la figure nᵒ 27.)

Nᵒ 28. — DENTELLE A 7 MAILLES.

1ʳᵒ *Aiguillée*. — 3 unies, 1 jetée, 1 rétrécie, jetez 2 fois le fil, 2 unies.

2ᵉ *Aiguillée*. — 3 unies, 1 à l'envers, 2 unies, 1 jetée, 1 rétrécie, 1 unie.

3ᵉ *Aiguillée*. — 3 unies, 1 jetée, 1 rétrécie, 4 unies.

4ᵉ *Aiguillée* — 6 unies, 1 jetée, 1 rétrécie, 1 unie.

5ᵉ *Aiguillée*. — 3 unies, 1 jetée, 1 rétrécie, 2 jetées, 1 rétrécie, 2 jetées, 2 unies.

6ᵉ *Aiguillée*. — 3 unies, 1 à l'envers, 2 unies, 1 à l'envers , 3 unies , 1 à l'envers, 2 unies, 1 à l'envers, 2 à l'endroit, 1 jetée, 1 rétrécie , 1 unie.

7e *Aiguillée.* — 3 unies , 1 jetée , 1 rétrécie , 7 unies.

8e *Aiguillée.* — Surjetez 5 mailles , 3 à l'endroit , 1 jetée, 1 rétrécie , 1 unie.

Revenir à la 1re aiguille.

(Voyez la figure n° 28.)